A mon Père, à ma Mère.

Amitié et Reconnaissance.

ACTE PUBLIC

POUR LA LICENCE,

En exécution de l'art. 4, tit. 2, de la loi du 22 ventôse, an 12.

SOUTENU PAR

M. Dufaur (Feury-François),

Né à Lombez (Gers).

Le droit est une partie de la morale, il en est la partie extérieure, pour ainsi dire, la partie obligatoire envers les autres.

LERMINIER.

(*Introduction à l'Histoire du droit*).

JUS ROMANUM.

LIB. II. TIT. VII. — *De donationibus.*

Modi acquirendi dominium introducti à jure civili, sunt aut universales, aut singulares. Solùm tractabimus de donationibus, secundus modus singularis acquirendi.

Donatio est mera liberalitas, quæ nullo cogente fit, et in accipientem transfertur : Itaque et donatoris et donatorii consensu perficitur. Donatorius autem vel per se, vel per procuratorem accipere potest.

Tria donationum genera sunt : causâ mortis, inter vivos, et propter nuptias.

Donatio causâ mortis est : illa quæ fit propter mortis suspicionem ; modò hæc suspicio exprimatur in instrumento.

Donatio inter vivos : est illa quæ fit sine ullâ expressâ mortis cogitatione.

Ergò prout suspicio mortis enunciatur, vel non, intelligitur cujus sit generis donatio.

Donatio causâ mortis est imperfecta ; propter hoc, tribus modis revocabilis : 1o periculo finito, si in statu periculi facta fuerit ; 2o si donator, pænituerit, 3o, si donatorius ante donatorem decesserit.

Hoc genus donationum legatis per omnia ferè connumerandum est.

Donationes inter vivos perfectæ temerè revocari haud possunt. Perficiuntur, cùm donator suam voluntatem scriptis, aut sine scriptis manifestaverit. Olim quibus donationibus effectus inerat, traditione, vel mancipatione. Nunc autem ad exemplum venditionis, eas in se necessitatem traditionis habent : ita ut, etiamsi non traditæ fuerint, efficiuntur ; nam obligatione adstringitur donator.

Licet suâ naturâ sit donatio inter vivos irrevocabilis, attamen in tribus casibus revocari potest : proter ingratitudinem donatorii, cùm impositis ipsi in instrumento donationis non paruit donatorius ; propter survenientiam liberorum donatori.

Donatio propter nuptias est : illa quam maritus uxori, aut sponsus sponsæ faciebat in securitatem dotis. Quondam hæc donatio vocabatur antenuptialis.

CODE CIVIL.

Lɪv. ɪɪɪ. ᴛɪᴛ. ɪɪɪ.

Des contrats ou obligations conventionnelles.

CHAPITRE VI.

De la preuve des obligations et de celle du paiement.

Le citoyen qui se présente devant la justice, pour réclamer l'exécution d'une obligation, doit la prouver par ce principe général : *onus probandi incumbit actori.* Mais la loi est juste dans toutes ses dispositions, aussi, a-t-elle permis à celui qui est poursuivi, de présenter tous les moyens qui tendent à justifier le paiement ou le fait qui a produit l'extinction de son obligation.

Le législateur a établi cinq manières de prouver les obligations : la preuve littérale, la preuve testimoniale, les présomptions, l'aveu de la partie et le serment.

Sᴇᴄᴛ. 1ʳᵉ. — *De la preuve littérale.*

La preuve littérale est celle qui résulte de titres tendant à établir un fait. Les titres se divisent en authentiques, sous signature privée et sans signature, en originaux et en copies, en primordiaux et en récognitifs.

§ 1ᵉʳ — *Du titre authentique.*

L'acte authentique est celui qui a été reçu par officiers publics, ayant le droit d'instrumenter dans le lieu, où l'acte a été rédigé, et avec les solennités requises. Lorsque cet acte est nul par l'incompétence ou l'incapacité de l'officier ministériel, il vaut toujours comme écriture sous seing privé, pourvu toutefois qu'il ait été signé des parties. Il fait pleine fois de la convention qu'il renferme entre ceux qui l'ont contractée, et leurs héritiers ou ayant-cause. Néanmoins le second alinéa de l'art. 1319 établit deux cas, où l'exécution de la convention est suspendue. Dans le 1er, l'exétion de l'acte argué de faux est suspendue par la mise en accusation du notaire ; dans le second, il est laissé à la prudence des tribunaux de la suspendre suivant les circonstances.

L'acte, soit authentique, soit sous sieng-privé, oblige les parties, même pour tout ce qui n'est qu'énonciatif, quand cette énonciation a un rapport direct à l'affaire. Mais les énonciations étrangères à la disposition ne peuvent servir que d'un commencement de preuve. Quant aux contre-lettres, elle-n'ont d'effets qu'entre les contractans.

§ 2e. De l'acte sous seing-privé.

L'acte sous seing-privé est celui qui n'a pas d'authenticité. Cet acte reconnu par celui auquel on l'oppose, ou légalement tenu pour reconnu, a la même foi à l'égard des parties, de leurs héritiers ou ayant-cause, que l'acte reçu par un notaire. La personne poursuivie pour l'exécution d'une obligation renfermée dans un acte sous seing-privé, est tenue formellement de désavouer sa signature : ses héritiers ou ayant-cause peuvent se contenter de déclarer qu'ils ne connaissent point la signature ou l'écriture de leur auteur (Art. 1323). Le code de procédure trace les règles à suivre pour procéder à la vérification des écritures déniées ou non reconnues.

Les actes sous seing-privé qui contiennent des conventions signallagmatiques ne sont valables, que lorsque le nombre des originaux est égal à celui des personnes ayant un intérêt distinct. Chaque original doit expressément mentionner la quantité des originaux que l'on a faits. Cependant, l'individu qui a accompli l'obligation portée dans l'acte ne peut plus opposer le défaut de mention , que les originaux ont été faits en doubles , triples ; etc. ; car l'exécution est une preuve de l'existence de la convention.

L'art. 1326 détaille les formalités à remplir de la part de celui qui souscrit un billet ou promesse sous seing-privé, par lequel il s'engage en vers un autre à lui payer une somme d'argent ou une chose appré· ciable.

Lorsque le corps de l'acte contient une somme différente de celle qui se trouve dans un bon ou approuvé, écrit au bas dudit acte par le souscripteur, l'obligation est présumée être de la somme moindre , par application du principe que l'interprétation se fait toujours en faveur du débiteur ; mais il en est autrement, s'il est prouve qu'il y a erreur

La loi prévoyant les cas où les parties pourraient , afin de frauder un tiers, s'entendre, pour antidater un acte, a prescrit que les actes sous signature privée n'eussent de date contre les tiers , que du jour où ils ont été enregistrés; du jour où celui ou l'un d'eux qui les ont souscrits, est mort; enfin du jour où leur substance est constatée dans des procès· verbaux de scellé ou d'inventaire.

Les règles tracées par les art. 1329,1330,1331 et 1332, sont si simples que j'ai cru inutile de les énumérer.

§ 3. *Des tailles.*

On appelle tailles , un morceau de bois divisé en deux parties, que l'on taille transversalement pour marquer la quantité des fournitures qui sont faites. Elles font foi entre les personnes qui s'en servent.

§ 4. *Des copies des titres.*

Les parties, lorsque l'original d'un acte existe, sont obligées de le repré, senter ; mais quand il a disparu , la loi a permis d'ajouter foi aux copies. l'art. 1335 renferme trois cas où l'on doit avoir plus ou moins d'égards aux copies.

La transcription d'un acte sur les registres publics ne peut servir que de commencement de preuve par écrit , encore faut-il la réunion de deux circonstances qu'exige , l'art. 1336 et le témoignage des personnes qui ont vu passer l'acte.

§ 5. — *Des actes récongnitifs et confirmatifs.*

L'acte primordial est le même que l'original. Mais opposé aux actes récognitifs et confirmatifs , il prend ce nom. L'acte récognitif est celui que le débiteur donne au créancier pour reconnaître son obligation. On appelle acte confirmatif celui que passent les parties pour donner à l'acte primordial une nouvelle force , ou une force qu'il n'avait point.

Les actes récognitifs ne dispensent point de la représentation de l'acte primordial. Il y a deux exceptions à cette règle.

Une obligation , contre laquelle on a une action en nullité ou en rescision , peut être confirmée ou ratifiée ; et l'acte de confirmation ou de ratification doit contenir la substance de l'obligation et mention du motif de l'action en rescision , sans quoi il ne serait pas valable. Cependant si une partie exécute l'engagement qu'elle a contracté , après l'époque où elle en pouvait demander la nullité ou la rescision elle n'est plus fondée à l'appuyer sur les vices qu'elle pouvait présenter pour demander la cassation de son obligation. Néanmoins les tiers ne doivent point être lésés dans leurs droits acquis. Il faut excepter les donations nulles dans la forme que le donateur ne peut ni ratifier , ni confirmer. Ses héritiers ou ayant-cause , peuvent seuls ratifier une donnation entachée de nullité.

Sect. 2e — *De la preuve testimoniale.*

La preuve testimoniale est celle qui résulte de la déclaration des per-sonnes présentes au fait que les juges cherchent à éclaircir.

La preuve testimoniale n'est admise que pour une somme n'excédant pas 150 fr. Pour une somme plus forte, des titres sont nécessaires. Aussi la loi veut-elle qu'il soit passé acte devant notaire, ou sous seing-privé de toutes choses qui surpassent la somme ou valeur de 150 f.; même, ajoute lart. 1341, *pour dépôts volontaires.* La même règle s'étend au cas où l'ac tion contient, outre la demande principale, une demande d'intérêts, qui réunis au capital excèdent 150 f. Un créancier, même en restreignant la dette qui lui est due, n'est pas admis à la preuve par témoins. Il en est de même pour toute demande d'une somme moindre de 150 f. lorsque cette somme est déclarée être le restant d'une créance qu'il était nécessaire de constater par écrit.

Si une partie, dans le cours d'une instance, forme, sans présenter des titres à l'appui, plusieurs demandes, qui réunies ensemble s'élèvent au-dessus de 150 f., elle doit de même être repoussée dans son action ; à moins que ces créances ne provinssent par succession, donation ou autrement, de personnes différentes. Les art. 1345 et 1347 posent des exceptions à ces dispositions législatives que nous venons d'examiner.

Toutes les demandes, à quelque titre que ce soit et qui ne seront pas entièrement justifiées, devront être formées dans le même exploit; et dans la suite, toutes les actions intentées sans titre, contre la personne pour-suivie, ne seraient point reçues : en effet, il n'est pas probable que l'on consente à contracter de nouveau sans garantie, envers un débiteur qui s'est montré de mauvaise foi.

Section 3e. — *Des présomptions.*

Les présomptions sont des conséquences que la loi ou le magistrat tire d'un fait connu à un fait inconnu. D'où suivent deux sortes de présomptions ; les présomptions, légales ; et les présomptions laissées à la prudence des juges.

§ 1er, *Des présomptions établies par la loi.*

On divise ces présomptions en deux classes : les présomptions *juris et de jure*, et les présomptions *juris tantùm*. La présomption légale est celle qui est attachée par une loi spéciale à certains actes ou à certains faits, énumérés dans l'art. 1350. Cette présomption dispense de toute preuve celui au profit duquel elle existe (Art. 1352).

§ 2e. *Des présomptions qui ne sont pas établies par la loi.*

Les présomptions, dit l'art. 1353, qui ne sont pas établies par la loi, sont laissées à la sagesse et aux lumières du magistrat. Elles doivent réunir trois conditions : qu'elles soient précises, graves et concordantes.

Sect. 4. — *De l'aveu de la partie.*

L'aveu est la déclaration par laquelle le débiteur reconnaît une obligation qu'il a contractée, ou un fait s'y rattachant. Il est extra-judiciaire ou judiciaire, suivant qu'il est fait hors la justice ou devant la justice. Dans le premier cas s'il est purement verbal, il est inutile, toutesles fois qu'il s'agit d'une demande dont la preuve testimoniale est inadmissible ;

dans le second, il fait pleine foi contre celui qui l'a fait. On ne peut pas le diviser contre lui. Quand peut-il ou non être révoqué?

SECT. 5ᵉ — *Du serment.*

Le serment est l'affirmation d'un fait , en prenant la divinité à témoin.

Il y a deux espèces de serment : le serment décisoire et le serment déféré d'office.

§ 1ᵉʳ. — *Du serment décisoire.*

Le serment décisoire est ainsi appelé, parce que la partie qui le défère se soumet à tenir pour décidée la contestation sur laquelle il doit porter , par la déclaration qui sera faite. Ce serment peut être donné sur toute contestation, en quelque état que soit la cause, encore qu'il n'existe aucun commencement de preuve de la demande ou de l'exception que l'on forme, pourvu qu'il s'agisse d'un fait personnel à celui à qui on le défère.

Si la partie à qui le serment a été déféré, refuse de le prêter, elle doit succomber; car elle est censée reconnaître la fausseté du fait qu'elle allègue. Il en est de même à l'égard de celle à qui on l'a référé, lorsqu'aussi elle ne consent pas à le prêter.

Après que le serment déféré ou référé a été fait, l'adversaire ne peut pas en prouver la fausseté. En effet, il a contracté l'engagement de s'en tenir irrévocablement à ce qui serait affirmé. La rétractation n'est plus admise de la part de celui qui a déféré ou référé le serment : aussitôt que son adversaire a déclaré être prêt à le prêter; mais ce serment ne doit former de preuve que vis-à-vis l'un de l'autre, leurs héritiers ou ayant-cause

Une disposition de l'art. 1365 veut que le serment déféré par l'un des créanciers solidaires au débiteur ne profite à ce dernier que pour la part de ce créancier.

le serment déféré au codébiteur solidaire ou à la caution profite aux autres codébiteurs, s'il porte sur la dette et non sur la solidarité.

§ 2ᵉ. — *Du serment déféré d'office.*

Ce serment est déféré, lorsque le juge veut en faire dépendre la décision de la cause, ou déterminer le montant de la condamnation, et même la loi a établi deux conditions *sine quibus*, le juge ne peut pas le déférer. Quand le serment sur la valeur de la chose doit-il être déféré?

CODE DE PROCÉDURE.

Tɪᴛ. 18. — *Du désaveu.*

Le désaveu est la déclaration d'une partie qu'elle ne reconnaît point l'acte qu'un avoué ou un huissier a fait en son nom, sans un pouvoir spécial lorsque la loi exigeait qu'ils en fussent munis.

Le désaveu se poursuit de deux manières : par la voie principale ou par la voie incidente. les art. 356 et 358 fixent le tribunal devant lequel il doit être poursuivi, suivant qu'il se rattache à une procédure déjà instruite, ou à un acte isolé et indépendant de tout procès.

Toute action en désaveu doit être communiquée au ministère public. Elle s'exerce par un acte signé de la partie ou de son fondé de procuration spéciale et authentique, et qui est déposé au greffe. Cet acte doit contenir les moyens, conclusions et constitutions d'avoué.

Lorsque le désaveu est formé dans le cours d'une instance encore pendante, l'acte qui en est dressé, est notifié, sans autre demande, par exploit d'avoué tant à l'avoué contre lequel sont dirigées les poursuites, qu'aux autres avoués de la cause, et assignation à comparaître n'est pas nécessaire, comme lorsque le désaveu concerne un acte sur lequel il n'y a pas d'instance.

La loi a prévu le cas où l'avoué a cessé ses fonctions, et où il est décédé. Elle trace des règles pour l'une et l'autre circonstance. Le résultat de l'instance relative au désaveu, étant de nature à influer beaucoup sur la décision du procès principal, le législateur a voulu qu'il fût sursis au jugement de la cause, jusqu'à ce qu'il soit statué sur la demande in. cidente ; mais alors la partie intéressée doit, dans un délai fixé, faire juger le désaveu.

Notre code prononce une peine contre l'avoué ou le demandeur, suivant que le désaveu a été ou non déclaré valable.

Si le désaveu est formé après le jugement qui a prononcé sur l'instance principale, il ne pourra être reçu après la huitaine, à dater du jour où le jugement est réputé exécuté.

CODE DE COMMERCE.

Des faillites.

CHAPITRE IX.

Des différentes espèces de créanciers, et de leurs droits en cas de faillite.

SECT. 1re. — *Dispositions générales.*

Les syndics doivent, dans le délai presorit par la loi et suivant les formes qu'elle indique, procéder à la vente des biens immeubles du failli. Si l'expropriation n'en a pas été demandée avant leur nomination, c'est à eux que doivent adresser leurs réclamations, les créanciers se prétendant créanciers sur les meubles. Ils présentent au juge commissaire l'état de ces créanciers et ces derniers, après qu'il a été constaté que leur demande était fondée, sont autorisés par le commissaire à recevoir leur paiement sur les premiers deniers rentrés. Mais si le privilége est constesté, ce débat doit être vidé par le tribunal civil, et la partie qui succombe condamnée aux dépens, sans pouvoir les porter au compte de la masse.

Les porteurs d'engagemens dont tous les signataires sont en faillite, exercent leur droit sur toutes les masses jusqu'au parfait payement. la loi s'occupe ensuite de ceux qui sont saisis d'un gage, ou dont la créance est garantie par un cautionnement.

Sect. 2e — *Des droits des créanciers hypothécaires.*

Les créanciers hypothécaires se présentent les premiers pour recouvrer leur paiement, lorsque la distribution du prix des immeubles est faite antérieurement à celle du prix des meubles; quand, au contraire, ces deux distributions se font simultanément, les créanciers hypothécaires non remplis sur le prix des immeubles, concourent en proportion de ce qui leur est dû avec les chirographaires, sur les deniers appartenant à la masse chirographaire.

Dans le cas au contraire, où la vente des meubles précède celle des immeubles, et donne lieu à plusieurs répartitions immédiates de deniers, les créanciers ayant une hypothèque, ont part à ces distributions, dans la proportion de leurs créances, sauf les distractions dont parle l'art. 541.

Après la vente des immeubles, un jugement d'ordre intervient entre les créanciers, qui assigne le rang dans lequel chacun d'eux sera payé de sa dette. Notre code règle les droits des créanciers hypothécaires colloqués partiellement dans la distribution du prix des immeubles. *Quid* des créanciers qui ne viennent pas en ordre utile ?

Sect. 3. — *Des droits des femmes.*

La femme, quel que soit le régime sous le quel elle s'est mariée, a droit de reprise sur tout ce qu'elle a apporté en dot. Elle peut même se saisir des immeubles qui lui seront survenus, par successions, ou donation entre-vifs et pour cause de mort, ainsi que de ceux qu'elle a acquis par elle-même et en son nom des deniers provenant des dites successions ou donations ; pourvu que la déclaration d'emploi soit expressément stipulée dans le contrat d'acquisition et que l'origine des deniers soit constatée par inventaire ou par quelqu'autre titre authentique. Alors encore, l'action en reprise n'est exercée qu'à charge des dettes et hypothèques, dont les biens sont grevés, par exception au principe général que pose le code civil.

Dans tous les autres cas, les biens que la femme acquiert, sont présumés appartenir au mari ; et partant, ils doivent être réunis à la masse de l'actif du failli ; les dettes qui ont été payées pour le mari par la femme, sont censées avoir été acquittées avec les deniers du mari. Cependant la loi a permis la preuve du contraire.

Quant aux avantages respectifs que les époux stipuleraient dans les contrat de mariage, ils sont nuls relativement aux créanciers, il y une exception à cette régle.

La femme dont le mari est commerçant à l'époque du mariage n'a d'hypo-théque que sur les immeubles appartenant au mari, à l'époque du mariage ; soit pour les deniers ou effets mobiliers qu'elle justifie, par actes authentiques, avoir apportés en dot ; soit pour le remploi des ses biens aliènés pendant le mariage. Les mêmes principes s'appliquent au fils de négociant, pourvu qu'il n'ait pas de profession, quand le mariage a été célébré.

Tous les meubles meublans, effets mobiliers, vaisselle d'or ou d'argent, tableaux et autres objets, tant à l'usage du mari, qu'à celui de la femme, sont acquis aux créanciers, sans que la femme puisse en recevoir autre chose que les habits, et linge pour son usage. Cependant, si par état legalement dressé, annexé aux actes ou par bons et loyaux inventaires, la femme justifie que ces bijoux, diamants, etc. lui ont été donnés par contrat de mariage, par toute autre personne que son mari, ou lui être advenus par succession, elle pourra les reprendre.

Les articles 555 et 556 ennumèrent les motifs qui donnent lieu contre les femmes à une poursuite, comme complices de banqueroute frauduleuse.

CHAPITRE X.

De la répartition entre les créanciers et de la liquidation du mobilier.

Après avoir distrait de l'actif mobilier, les frais et dépenses de l'administration de la faillite, ce qui a été accordé au failli, en qualité de secours, et les sommes payées aux privilégiés, le restant sera distribué entre tous les créanciers au marc le franc de leurs créances vérifiées et affirmées. Aussi les syndics sont-ils obligés de remettre tous les mois au commissaire un état de la situation, de la faillite, et des deniers existant en caisse. Le commissaire ordonnera, s'il y a lieu, une répartition entre les créanciers, qui seront avertis de ses décisions et de l'ouverture de la répartition; il en fixera aussi la quotité.

Tout paiement doit se faire sur la représentation du titre constitutif de la créance. Le caissier doit mentionner sur ce titre le paiement qu'il a effectué; le créancier est obligé de donner quittance en marge de l'état de répartition.

La liquidation terminée, les syncdics convoquent l'union des créanciers, sous la présidence du commissaire; ils rendent leurs comptes et la dernière répartition se forme sur ce qui reste.

L'union peut, dans tout état de cause, se faire autoriser par le tribunal de commerce, à traiter à forfait des droits et actions dont le recouvrement n'a pas été opéré, et à les aliéner. Cependant le failli doit avoir été dûment appelé, et cela se conçoit.

Cette thèse sera soutenue le 10 août 1835, à 10 heures du matin.

Vu par le Président de la Thèse,

MALPEL.

Toulouse.—Imdrimerie de Marie ESCUDIER, rue St-Rome, n° 26,

www.ingramcontent.com/pod-product-compliance
Ingram Content Group UK Ltd.
Pitfield, Milton Keynes, MK11 3LW, UK
UKHW022254070726
13613UKWH00005B/2283